北の動物刺繡図鑑

森本繭香

文化出版局

北海道に住んでいる私の近くにいつもいてくれる、
かわいい動物たちを刺繍の図案にしてみました。

図鑑を開くと色々な動物たちの表情につい時間を忘れて見入ってしまう、
この本もそんなふうに楽しんでいただけるとうれしいです。

また、小さなウサギをはじめとする毛並みの刺繍は、
アウトライン・ステッチなどがベースです。難しいステッチを使わず、
誰でも気負わずチャレンジできるような内容になっています。

ご自分の手の中から、小さなウサギが誕生する。

そんな不思議な心いやされる感覚を
ぜひ体感してください。

森本繭香

4 野ねずみの収穫
5 野ねずみの花束
6 エゾシカと白樺の森
7 ひぐまのミニクッション
8 ニュウナイスズメのオスと桜
9 ニュウナイスズメのメスとキオンのミニケース
10 ナキウサギとコケモモ
11 ナキウサギのハンカチとウサギのブローチ
12 野いちご・エゾユキウサギ
13 エゾモモンガと福寿草の連続模様
14 ヤマセミとカワセミ
15 ヤマセミとカワセミと川魚のブローチ
16 クマゲラ・ノスリ・エゾフクロウ
18 ヒヨドリとライラック
20 エゾタヌキとラベンダー、ラワンぶきの傘
21 キタキツネとハマナスの園
22 いろんな木の実
23 エゾリスと金のどんぐり
24 シジュウカラの森エンブレム
26 エゾリスのきのこ探検隊
27 エゾリスと木の葉のがま口
28 エゾユキウサギと雪が積もった枝
30 シマエナガとナナカマド
31 シマエナガの冬のオーナメント

32 LESSON 1　ウサギの毛並み
34 LESSON 2　シマエナガの羽並みとグラデーション

37 刺繍の基本
40 ステッチの種類

42 作品の作り方

4

野ねずみの収穫

作り方 → p.48

北海道の森の中でもよく見かける小さな野ねずみをモチーフに。ベリーの大小のビーズは、それぞれいろんな方向に向くよう1粒ずつつけて、ねずみたちの食欲そそる形状に。

5

縦長のフープに合わせて、野ねずみと華やかな春の花を。フレンチノット・ステッチで描いた花には、スパンコールやビーズをつけてきらきらとした雫を表現しました。

野ねずみの花束

作り方 → p.49

エゾシカと白樺の森

作り方 → p.50

ふさふさのお尻の毛や夏毛の時の斑点模様がかわいいエゾシカ。森では、振り返りざまに
よく、こちらの様子をうかがっています。白樺の模様は横に糸を渡します。

実はどんぐりが主食だというひぐまは、食べている様子はかわいいそう。ざくざく刺繍できるウールの刺繍糸をベースに、顔の回りなど細かな部分は25番刺繍糸を使っています。

ひぐまのミニクッション

作り方→p.51

8

ニュウナイスズメのオスと桜

作り方→p.53

群れずにつがいで行動する、ニュウナイスズメ。オスは赤茶色、メスは褐色です。桜のビーズは、種類を複数混ぜて使うことで奥行き感を出して。

ニュウナイスズメのメスとキオンのミニケース

めずらしく庭の餌台に来ていたのを観察してこの図案がうまれ、ミニケースに仕立てました。知床に咲くキオンの花と一緒に。羽の模様はフライ・ステッチなどで柄を表現しています。

作り方 → p.54

10

ナキウサギとコケモモ

作り方→p.58

高山に生息するナキウサギは、草をもぐもぐと食む様子がとてもかわいく、山に登って観察しに行ったことも。コケモモはビーズとフレンチノット・ステッチで、丸みを出して。

ナキウサギのハンカチとウサギのブローチ

図案の一部をハンカチのワンポイント刺繍に。どちらのウサギも、毛並みは2色の糸を使った2本どりです。p.32～のLESSONで詳しく解説しています。

作り方 → p.58, 59

12

野いちご・エゾユキウサギ

作り方→p.60

野いちごとウサギのモチーフの初夏のフレーム。野いちごは、ビーズをいろんな方向につけて粒々を出し、花のおしべは、円状につけたビーズで立体的に表現しました。

エゾモモンガと福寿草の連続模様

ひらひら飛んでいる姿をいつか見てみたいエゾモモンガ。体部分は、単色のみで小さくて、刺繍しやすいので、毛並みの練習にも。華やかな福寿草のモチーフと一緒に。

14

ヤマセミとカワセミ

作り方 → p.62

ブルーの羽がきれいなカワセミと、冠羽が立派なヤマセミ。実際はヤマセミのほうが大きいですが、バランスをとったデザインに。ヤマセミの羽模様は白糸を横に渡します。

さっと一瞬で飛び立ち、長いくちばしで魚を捕まえる、カワセミとヤマセミ。魚を見つけると興奮してピッピッと鳴きはじめる姿がかわいいのです。好物の魚と一緒にブローチに。

ヤマセミとカワセミと川魚のブローチ

作り方 → p.63

クマゲラ・ノスリ・エゾフクロウ

赤と黒のシンプルな色合いがユニークなクマゲラは、体が真っ黒ですが、羽並みの向きで、立体的に。鷹の一種のノスリは、目がクリクリしていて足も黄色くて、意外とかわいい。フクロウはニッコリ笑った顔がふくふくしています。

作り方 → p.66

ヒヨドリとライラック

作り方 → p.67

初夏の訪れを感じさせるライラックの花。公園には、香りにさそわれてヒヨドリたちが集まります。フレンチノット・ステッチの花にビーズを混ぜてあしらい、みずみずしい雰囲気に。

20

エゾタヌキとラベンダー、ラワンぶきの傘

眠っているエゾタヌキとそれをやさしく見守る友達を、ラベンダーやラワンぶきといった北海道特有の植物と一緒にモチーフに。ラベンダーはサイズ違いのビーズで奥行きを。

作り方 → p.68

キタキツネとハマナスの園

作り方 → p.69

夏の終わりに海岸で咲いているハマナスの園とキタキツネ。キタキツネは耳や足も濃色で、ブーツを履いているような毛色がかわいらしく、しなやかに歩く姿を図案にしました。

金色のどんぐりを手にしたうれしそうなエゾリスを、ミズナラの模様とともに。リスの体のグラデーション、尻尾や耳のふさふさした毛並みなど、細部の刺繍も楽しい図案です。

エゾリスと金のどんぐり

作り方→p.71

24

シジュウカラの森エンブレム

作り方 → p.72

真ん中のジルコニアのパーツをささえる左右対称なシジュウカラと中央で静かに見守るシジュウカラ。草花や木の実の模様の中でエンブレムのような図案に。

26

エゾリスのきのこ探検隊

作り方 → p.74

エゾリスときのこが暗闇に照らされている様子を描きたくて作りました。エゾリスや木の葉はグラデーションに、きのこは明るい色で表現。ランプはビーズを縦方向につけます。

27

エゾリスと木の葉のがま口

作り方 → p.75

アウトライン・ステッチで葉脈を入れた葉っぱのチャームを添えて、エゾリスのモチーフをがま口に。エゾリスは冬になると耳先がふさふさになるところも特徴です。

28

エゾユキウサギと雪が積もった枝

作り方 → p.78

枯れ枝に雪が積もっている冬景色が好きなので、冬毛の白いエゾユキウサギと一緒に。足が大きくて耳先が黒いのがかわいい。透明や金色などのさまざまなビーズで光る枝を表現。

30

シマエナガとナナカマド

作り方→p.79

冬でも実をつけているナナカマドでシマエナガがスワッグを作る様子の図案です。シマエナガはp.34～のLESSONで、グラデーションをきれいに刺繍するコツを紹介します。

シマエナガの冬のオーナメント

作り方 → p.80

左ページのシマエナガの図案を少し大きくし、ウールの糸でざくざくと刺繍しました。雪の結晶のモチーフと一緒に作って、オーナメントとして、ツリーなどに飾って。

p.11 ウサギの毛並み

この本に掲載されている動物や鳥たちの毛並みを刺繍するLESSONとして、
小さくて比較的簡単なウサギのブローチの図案を解説します。
基本は2本どりのアウトライン・ステッチで刺し進めます。
顔の部分は、別色の2本を引きそろえて刺繍することで、毛並みの立体感を表現します。

LESSON 1

[材料]
DMC25番刺繍糸
07、08、452、648、3021、3022、3362、3866
布
リネンキャンバス #01 生成り（cherin-cherin）
[サイズ]
縦3.3×横3.5cm

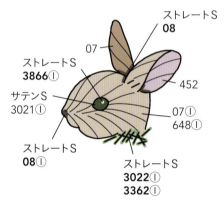

[実物大図案]
・○の中の数字は糸の本数
・指定以外は2本どり
・指定以外はアウトラインS
・太字は、細字で刺繍した部分の
　上から刺繍する
・Sはステッチの略

ステッチ幅は
3〜4mmなら
まちまちでOK！

1　図案を写す

図案の写し方（p.38）を参照して、トレース台か転写シートの方法で図案を写しとる。

2　案内線に沿って顔にアウトラインSを刺繍する

顔を刺繍する。07と648を1本ずつ2色を合わせた2本どりで刺繍する。顔案内線に沿って、1針3〜4mmのアウトラインSを刺繍する。

目の部分をさけて案内線を刺繍する。2色ともはっきり見えるようにそろえる必要はなく、糸を引いたときに偶然できる色合いを生かす。

3 案内線の間をさらに分割して刺繍する

案内線上に刺繍したアウトラインSの間に、さらにアウトラインSを刺繍して2分割する。

案内線の分割で毛並みの流れをわかりやすく

分割したそれぞれの間に、アウトラインSで顔全体が埋まるまで刺繍する。すきまがあいた場合は、ストレートSを足す。

4 耳も同様に刺し埋める

耳の中は452の2本どりで、2〜3と同様に刺繍する。

5 奥側の耳も同様に刺し埋める

奥側の耳は07の2本どりで2〜3と同様に刺繍する。手前の耳よりも濃い色を使い、奥行きを表現。

6 目をサテンSで刺繍する

目は、3021の1本どりのサテンSで刺繍する。目の中央にステッチを1本刺して2分割し、上下の空間を刺し埋める。

7 目を整える

ストレートSで整える

目は大きくなりすぎないように刺繍しておき、全体のバランスを見た上で形を調節すると整いやすい。ゆがんだ場合は、目の輪郭に沿ってストレートSを足す。

8 目の白い点を刺す

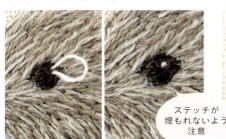

目の中の白い点は、3866の1本どりのストレートSで目の刺繍の上から小さく刺す。ステッチが糸の中にまぎれることがあるので、ゆっくりと糸を引く。

9 鼻、耳の境界線、飾りを刺繍する

ステッチが埋もれないよう注意

鼻は08の1本どり、耳の境目は08の2本どり、首の飾りは3022、3362の1本ずつ2色を合わせた2本どりのストレートSで顔の上から刺繍する。

完成

p.30 シマエナガの羽並みとグラデーション

LESSON1の図案と同様に、顔や体の部分はアウトラインSで刺し埋めます。
ここでは、羽並みをきれいに見せる方法や
詳しいグラデーションの刺繍方法を解説します。

[材料]
DMC25番刺繍糸
01、3021、3861、3866
布
ECO VITA ヘンプファブリック
#0024 ベージュ（DMC）
[サイズ]
縦4.2×横4.6cm

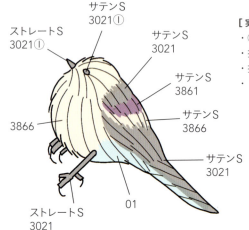

サテンS 3021①
ストレートS 3021①
サテンS 3021
サテンS 3861
3866
サテンS 3866
サテンS 3021
ストレートS 3021
01

[実物大図案]
・○の中の数字は糸の本数
・指定以外は2本どり
・指定以外はアウトラインS
・Sはステッチの略

LESSON1の 2〜3を 参照

1 図案を写す

LESSON1（p.32）の1と同様に図案を写しとる。羽の3861の部分は違う色の線で写しておくとわかりやすい。

2 案内線に沿って体を刺し埋める

体を刺繍する。3866の2本どりで、案内線に沿ってアウトラインSを刺繍する。さらにその間にアウトラインSを刺繍して刺し埋める。

3 続けて顔を刺し埋める

2と同様に、顔も刺し埋める。細かい部分など、刺繍しにくい場所は、1本どりで刺繍してもよい。

4 1本どりの糸で羽並みを修正する

ストレートSで整える

羽並みの途切れた部分は、羽の流れに沿うように、上から1本どりのストレートSを刺して羽並みを整える。

5 色の境目を刺繍する

境目は食い込むように

お腹の陰影部分は、01の2本どりでLESSON 1の2～3を参照してアウトラインSで刺し埋める。境目は3866で刺繍した部分に少し食い込むように刺繍する。

6 しっぽを刺繍する

境目は短いステッチで

→

しっぽの先は、01の2本どりで案内線に沿って刺繍する。羽並みが途中左右に分かれるので、境目は短いステッチ幅で刺繍する。

体、顔、しっぽを刺繍したところ。

きれいに仕上げるコツ

point 1　ギザギザになるように
糸端はそろえずにギザギザになるように刺繍すると、2色がなじみやすくなり自然なグラデーションに仕上がる。

point 2　1本どりの糸で羽並みを足す
色の境目が不自然な場合は、上から1本どりのストレートSを足す。足しすぎると厚みが出るので、最低限にとどめる。

強すぎると毛羽立つので注意

point 3　羽並みをならす
羽並みに沿って針先で軽くなで、糸のよじれを整える。

7 羽の上側の模様をサテンSで刺し埋める

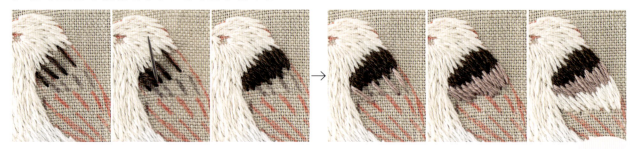

羽の上側は、3021、3861、3866を上から順にそれぞれ2本どりでサテンSをする。案内線を刺繍してから、残った空間を埋めて羽並みの流れを作る。

色の境目はギザギザに

8 羽先をサテンSで刺し埋める

羽先は、3021の2本どりで長めに糸を渡し、案内線を刺繍してからサテンSで刺し埋める。

9 しっぽをサテンSで刺し埋める

しっぽの刺繍は角度をつけて

しっぽの案内線は、3021の2本どりで、シルエットに対して角度をつけて糸を渡す。案内線を刺繍してからサテンSで刺し埋める。

10 目をサテンSで、くちばしと足をストレートSで刺繍する

足の刺繍も角度をつけて

目は、3021の1本どりでサテンS、くちばしはスレートSを刺繍する。足は3021の2本どりで、シルエットに対して角度をつけたスレートSで刺し埋め、爪などの細かい部分は、短いスレートSで刺繍する。

完成

刺繍の基本

ここでは、刺繍に必要な道具や糸の扱い、細部まできれいに仕上げるためのテクニックを紹介します。

〈 基本の道具 〉

a 刺繍枠
布を張り、刺繍しやすくするための道具。

b 刺繍糸
左から、6本どりのDMC25番刺繍糸、メタリックなカラーのDMC25番刺繍糸(ライトエフェクト)、張りがあって刺繍しやすいウール糸DMC ECO VITAウールスレッド。

c 転写シート
水で消えるタイプを使用。付属のセロファンは使わないほうが細かく写しやすい。

d トレース台
バックライトで光るトレース台や小さい図案ならスマートフォンの画面で代用可。

e トレースペンまたは摩擦熱で消えるペン
転写シートの場合はトレースペンを、光る機器の場合は摩擦熱で消えるペンを使用。

f 刺繍針
右から3番、7番のフランス刺繍針、ビーズ刺繍針。太さや穴のサイズが違うので、糸の本数によって使い分ける。

g ビーズ用の刺繍糸
左は、MADEIRAモノフィル クリア。ビーズやスパンコール刺繍などで、糸を目立たせたくない場合に使用する透明の糸。右は、ポリエステル100%のミシン刺繍用の白糸。薄地用のミシン糸で代用可。

h 糸切りばさみ
お好みのはさみで。

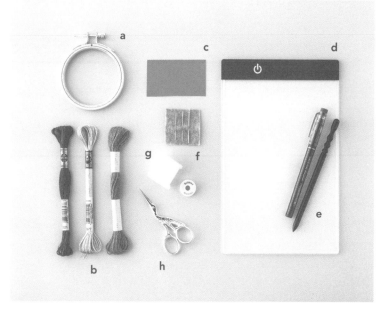

そのほか、布はリネンやコットンが扱いやすくおすすめ。大きい図案で周囲各10cm、小さい図案で各5cmほど大きい布を使う。まち針やピンクッション、目打ちなどがあると便利。

〈 図案の見方 〉

ステッチ名
刺繍糸の色番号、○内は糸の本数
＊指定以外は2本どり

＊材料の中で記載している数字やアルファベットは、各商品の型番および色番
＊図や文の中のSはステッチの略
＊図中の単位はcm

〈 刺繍枠の扱い方 〉

強く張りすぎないように

枠に布をはさみ、上部のねじを締める。強く張りすぎると、布がゆがむため、すっと枠をはめたときの自然な張りぐあいで作業する。

〈 図案の写し方 〉

   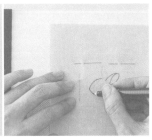

転写シートで写す場合
布の上に紙に写した図案を置き、まち針で上と左側をとめる。転写シートを布と紙の間にはさみ、トレースペンで図案を布に写す。

トレース台で写す場合
紙に写した図案の上に布を置き、まち針で上と左側をとめる。トレース台に置いて、摩擦熱で消えるペンで図案を布に写す。

〈 糸の扱い方 〉

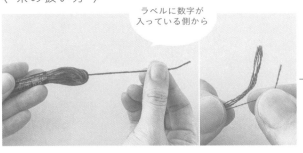 

ラベルに数字が入っている側から

針穴に通すときは

糸端を引き出す。糸の束から、40~60cmほどの使いやすい長さを取り出して糸をカットする。糸端から1本ずつ引き出し、使いたい本数をそろえる。

糸の両端を引いて、親指で何回かはじくと糸のうねりが取れる。二つ折りにした糸を針穴の頭に当て、折りぐせをつけ、二つに折った部分を指ではさみ、針穴に通すと引き出しやすい。

〈 刺し始め 〉

上級者は小さく返し縫いでスタートしても

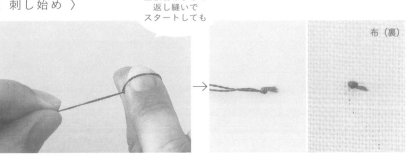

玉結びを作る。人さし指の先で糸端に輪を作り、親指と合わせたまま、人さし指をスライドさせて輪の糸をねじる。輪から人さし指を外して、ねじれた部分を持ったまま、糸端を引く。布の裏に玉結びがくるようにして刺繍する。

〈 片端に玉結び 〉

基本的にはすべて片端に結ぶ。

〈 両端を合わせて玉結び 〉

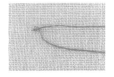

ビーズをとめるときやウールの糸に。

〈 刺し終り 〉

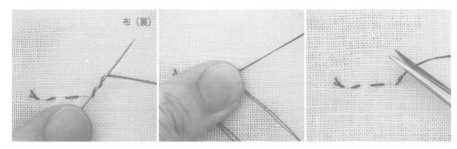

玉どめをする。刺し終りの布の裏で、針に糸を2～3回巻きつける。巻きつけた部分を親指で押さえ、針を引くと玉どめができる。糸端をカットする。

〈 結びにくい糸の玉結び 〉

透明の糸など張りのある糸で、刺し始めを玉結びからする場合は、刺し終りを参照し、針に2回糸を巻きつけて糸を引き抜く方法で玉結びを作る。

〈 印の消し方（転写シートの場合）〉

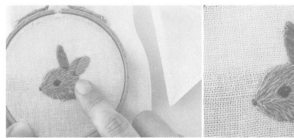

小皿に水を入れ、指先に少量の水分をつけ、消したい部分に少しずつなじませる。折った端切れの先で優しくこすりとり、自然乾燥させる。摩擦熱で消えるペンの場合はこすって消す。

〈 仕上げのアイロンのかけ方 〉

印が消えたら、刺繍枠を外してアイロン台に白いタオルを置き、裏から刺繍部分をできるだけさけてアイロンをかける。アイロンの温度は布の種類に合わせる。

〈 刺繍枠フレームの仕立て方 〉

刺繍枠のサイズに合わせて、枠から布端のいちばん短い部分を3㎝以上残し、四角くカットする。刺繍枠に合わせ、周囲をぐし縫いする。

刺繍枠の裏で、ぐし縫いの糸を少しずつ絞って、布端を枠の中に収める。

最後にしっかり糸を引いて、玉どめをする。

裏で始末したところ。余分な布端は、カットせずに残しておくと、あとで小物にしたり、額に入れたりもできる。

ステッチの種類

この本で使用している 8 つの刺繍のテクニックとビーズやスパンコールのとめ方を紹介します。

アウトライン・ステッチ

ストレート・ステッチ

サテン・ステッチ

フレンチノット・ステッチ 2 回巻き

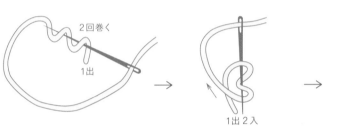

フィッシュボーン・ステッチ

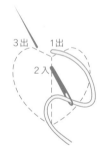
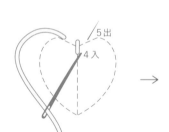
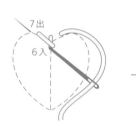

フライ・ステッチ

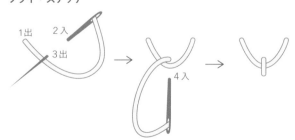

ロングアンドショート・ステッチ

針目の長さを変えながら1列めを刺し、重なるように2列めを刺す

レゼーデージー・ステッチ

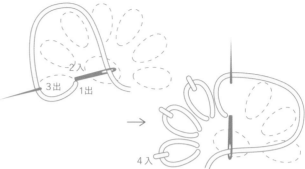

〈 ビーズのとめ方 〉

ビーズは1粒ずつとめる。糸は2本どりで玉結びをし、ビーズをとめたい位置から針を出し、ビーズに針を通してとめつける。

再び針を出し、返し縫いの要領で図のようにとめつける。最後は玉どめで糸始末する。

*離れたところにビーズをとめる場合は、一度糸始末をする

〈 スパンコールのとめ方 〉

糸は1本どりで玉結びをし、スパンコールの中央から針を出し、際に針を刺してとめつける。

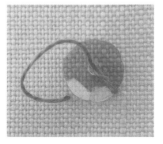

再び中央から針を出し、写真のようにとめつける。

3か所とめたところ。

ビーズ穴を上側にする場合もこの方法でとめつける。

カバー 北の動物たちのフレーム

[材料]
DMC 25番刺繍糸
05、06、07、08、09、10、21、355、420、436、452、543、642、645、646、648、754、758、833、926、927、935、988、3021、3022、3031、3045、3051、3347、3362、3363、3371、3782、3813、3836、3860、3865、3866
DMC 25番刺繍糸ライトエフェクト
E168、E436、E677

ビーズ
丸特小 250、丸小 250、361、421、1053、丸大 250、251、1053、3カット 161、トライアングル 2.5mm TR1167、スムースホールパール 3mm HC143/3 、ファイアポリッシュ K2050 3mm 58（MIYUKI）
スパンコール
亀甲 4mm 12、亀甲 5mm 30、亀甲 6mm 02-16（cherin-cherin）
布
リネン　セージ色

[図案配置図]
125%に拡大して使用する

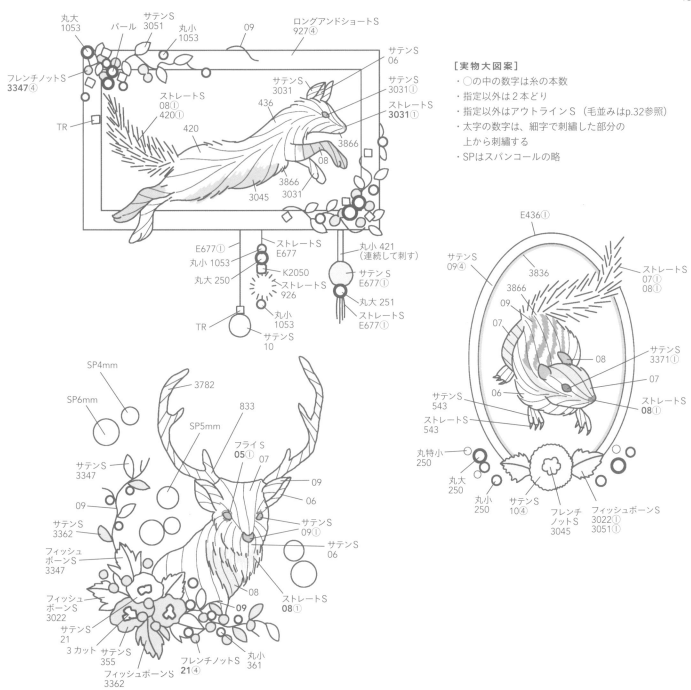

[実物大図案]
・○の中の数字は糸の本数
・指定以外は2本どり
・指定以外はアウトラインS（毛並みはp.32参照）
・太字の数字は、細字で刺繍した部分の上から刺繍する

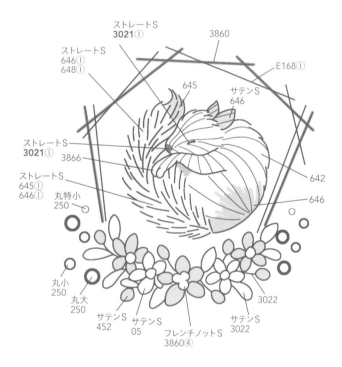
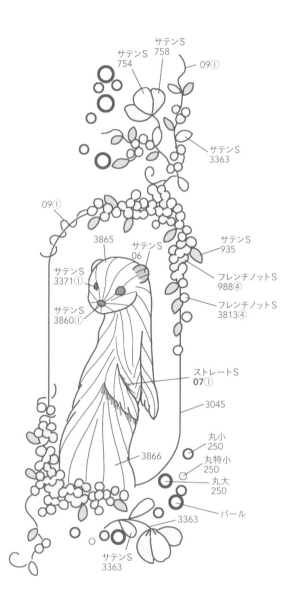

カバー 北の鳥たちのフレーム

[材料]
DMC 25番刺繍糸
02、03、04、05、06、07、08、09、10、29、224、310、355、436、642、645、648、825、826、833、926、930、935、976、3021、3022、3045、3347、3362、3363、3768、3782、3787、3799、3813、3861、3866

DMC 25番刺繍糸ライトエフェクト
E436、E677、E898

ビーズ
丸特小 455、2006、丸小 250、256、263、313、367、1053、2035、丸大 250、451、1053、トライアングル 2.5mm TR1133、TR1167、デリカ DB110、スムースホールパール 3mm HC143/3、ファイアポリッシュ K2050 3mm 58、K2051 4mm 411（MIYUKI）

スパンコール
亀甲 4mm 12、亀甲 5mm 30、亀甲 6mm 01-10、02-16
（cherin-cherin）

布
リネン　セージ色

[図案配置図]
125％に拡大して使用する

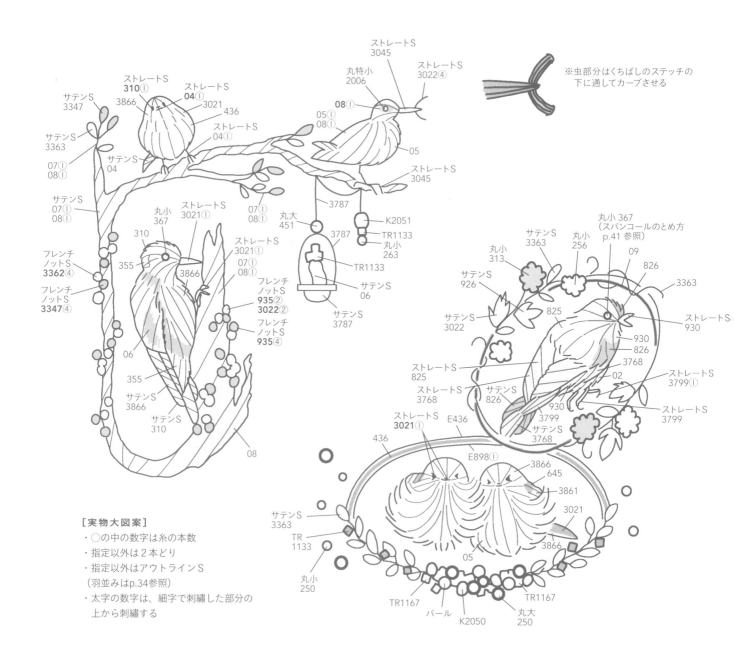

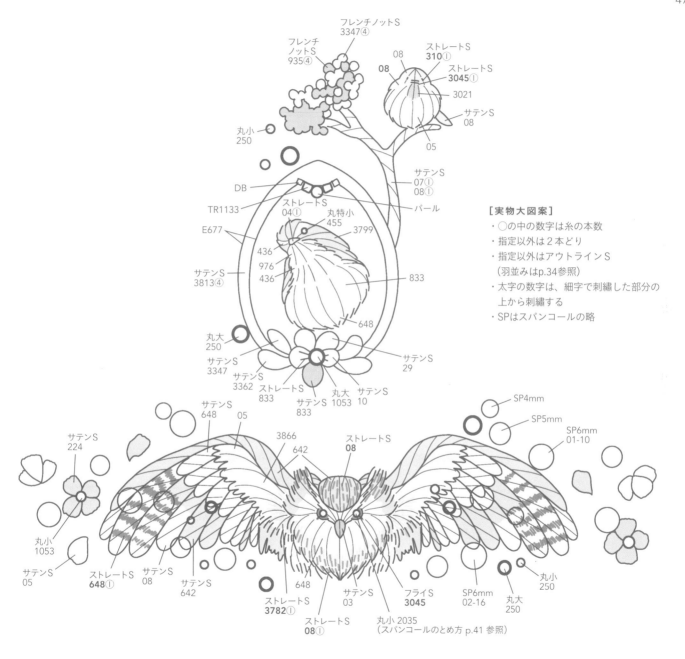

p.4 野ねずみの収穫

[材料]
DMC 25番刺繍糸
07、08、310、451、452、500、524、645、646、647、3362、3824、3866
ビーズ
丸特小 250、254、462、丸小 254、361、367、丸大 313（MIYUKI）
スパンコール
亀甲 4mm 12、17、亀甲 6mm 02、07（cherin-cherin）
布
リネンキャンバス #05 未晒し（cherin-cherin）

[実物大図案]
・○の中の数字は糸の本数
・指定以外は2本どり
・指定以外はアウトラインS
　（毛並みはp.32参照）
・太字は、細字で刺繍した部分の
　上から刺繍する
・SPはスパンコールの略

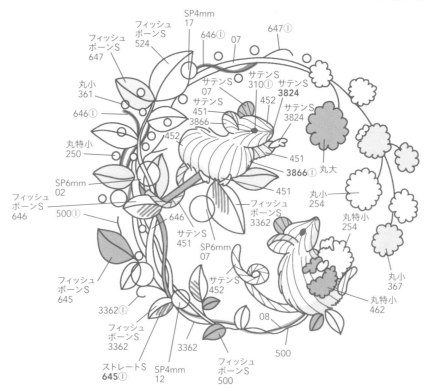

p.5 野ねずみの花束

[材料]
DMC 25番刺繍糸
BLANC、ECRU、310、436、451、452、453、500、501、647、758、900、926、3362、3861、3866
ビーズ
丸特小 250、丸小 263（MIYUKI）
スパンコール
亀甲 6mm 04、亀甲 4mm 12、亀甲 3mm 20（cherin-cherin）
布
リネンキャンバス #01 生成り（cherin-cherin）

[ビーズつけ位置]

ストレートS
3861①

サテンS
310①

ストレートS
451①

ストレートS
3866①

453

452

フレンチ
ノットS
900④

フレンチ
ノットS
ECRU④

3866

758

451

ストレートS
758

フレンチ
ノットS
BLANC④

フィッシュ
ボーンS
3362

サテンS
647

フィッシュ
ボーンS
501

647①
3362①

926

ストレートS
3362

サテンS
926

フィッシュ
ボーンS
501

ストレートS
501

ストレートS
500

サテンS
501

フィッシュ
ボーンS
500

436

500

926

3362

SP3mm

SP4mm

丸小

丸特小

SP6mm

[実物大図案]
・○の中の数字は糸の本数
・指定以外は2本どり
・指定以外はアウトラインS
　（毛並みはp.32参照）
・太字は、細字で刺繍した部分の
　上から刺繍する
・SPはスパンコールの略

p.6 エゾシカと白樺の森

[材料]
DMC 25番刺繍糸
08、452、581、648、840、841、842、
3021、3022、3033、3371、3790、3866
ビーズ
丸小 361、デリカ DB110 (MIYUKI)
スパンコール
亀甲 6㎜ 04、06、亀甲 5㎜ 30、
亀甲 4㎜ 12 (cherin-cherin)

布
リネンキャンバス #02 ライトグリーン
 (cherin-cherin)

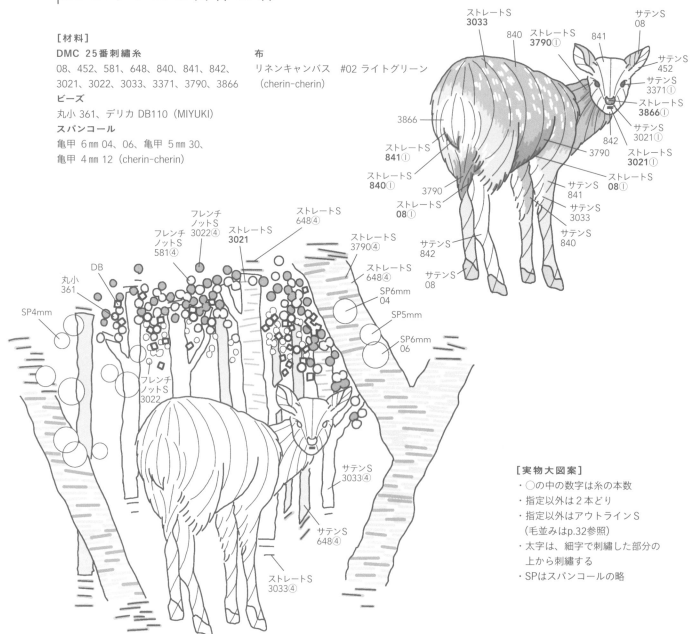

[実物大図案]
・○の中の数字は糸の本数
・指定以外は2本どり
・指定以外はアウトラインS
 (毛並みはp.32参照)
・太字は、細字で刺繍した部分の
 上から刺繍する
・SPはスパンコールの略

p.7 ひぐまのミニクッション

[材料]
DMC ECO VITA
005、103、106
DMC 25番刺繍糸
938、3021、3371
ビーズ
丸小 451（MIYUKI）

布
帆布　ベージュ…28.5×72cm
その他
ファスナー（30cm）…1本
[サイズ]
縦26×横34cm

[実物大図案]
・○の中の数字は糸の本数
・指定以外は2本どり
・指定以外はアウトラインS
　（毛並みはp.32参照）
・ECがつく色番号はDMC ECO VITA、
　指定以外はDMC 25番刺繍糸

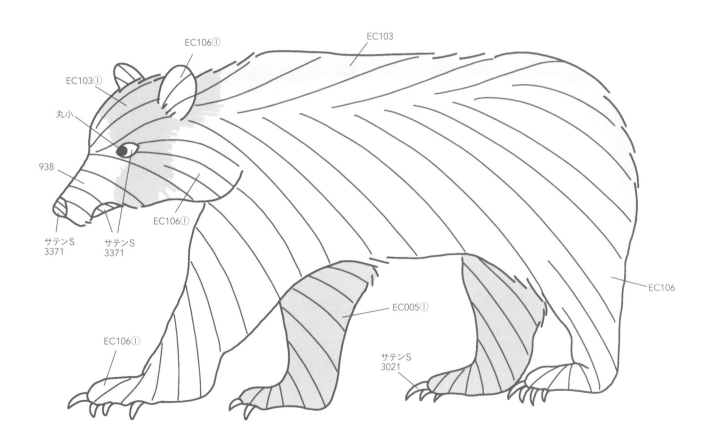

1 布を裁断し、刺繍をする

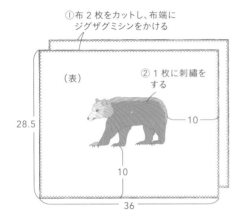

2 下端を縫う

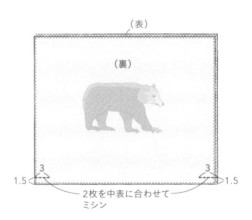

3 ファスナーをつける

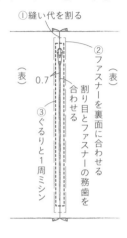

4 周囲を縫う

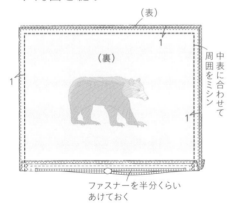

出来上り

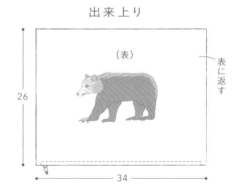

p.8 ニュウナイスズメのオスと桜

[材料]

DMC 25番刺繍糸

04、05、07、08、224、310、435、523、778、819、844、3713、
3790、3860、3864、3866

ビーズ

丸特小 251、265、1053、丸小 250、HB277、デリカ DB110、
DB1243、ファイアポリッシュ K2050 3㎜ 17（MIYUKI）、
キュービックジルコニアパーツ 4㎜・14kgf

布

リネン　セージ色

K2050
DB110
ジルコニア
パーツ
ストレートS
04①
丸小
250
サテンS
844
DB1243
丸小
HB277
ストレートS
3866①
サテンS
310①
ストレートS
844①
丸特小
251
3866
05
丸特小
1053
435
フライS
05①
3790
丸特小
265
ストレートS
05①
08
05①
07①
07
ストレートS
05①
ストレートS
07
サテンS
04
サテンS
3864

[ビーズつけ位置と刺し方図]

ストレートS
3790
サテンS
819
523
サテンS
3713
サテンS
224
サテンS
523
サテンS
3860
サテンS
523
サテンS
778
サテンS
3860
サテンS
3790
サテンS
08
サテンS
3860
サテンS
3790
ストレートS
3790

[実物大図案]

・指定以外は2本どり

・○の中の数字は糸の本数

・指定以外はアウトラインS
　（羽並みはp.34参照）

・太字は、細字で刺繍した部分の
　上から刺繍する

p.9 ニュウナイスズメのメスとキオンのミニケース

[材料]
DMC 25番刺繡糸
05、06、07、08、310、500、501、726、728、734、844、3052、3363、3864、3866
ビーズ
丸特小 250、丸小 250、3カット 161、249（MIYUKI）、キュービックジルコニアパーツ 4mm・14kgf
布
表布／リネン　セージ色…18×50cm
裏布／コットンツイル　サンドベージュ（cherin-cherin）…18×50cm

その他
フェルト（18×25cm）…2枚
がま口BOX（9×14cm）…1セット（cherin-cherin）
ツイストコード（太さ0.3cm　ベージュ）…90cm
サテンリボン（0.5cm幅　ベージュ）…1m
丸カン…（0.3cm）2個、（0.6cm）3個、（0.8cm）1個
チェーン（8cm）…1本
タッセル（9cm）…1個
両面テープ（0.8・1.5cm幅）
手芸用ボンド

[サイズ]
高さ9×幅14cm　※とめ具を含まず

[実物大図案]
・○の中の数字は糸の本数
・指定以外は2本どり
・指定以外はアウトラインS
（羽並みはp.34参照）
・太字は、細字で刺繡した部分の上から刺繡する

[刺し方図]

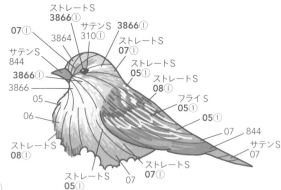

がま口BOXのパーツ

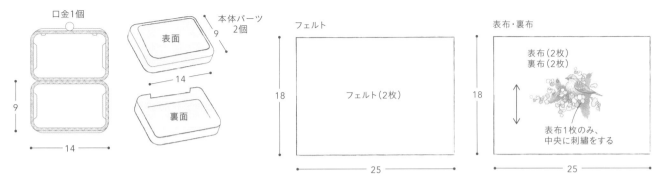

1 表面にフェルトを貼る

2 表布を貼る

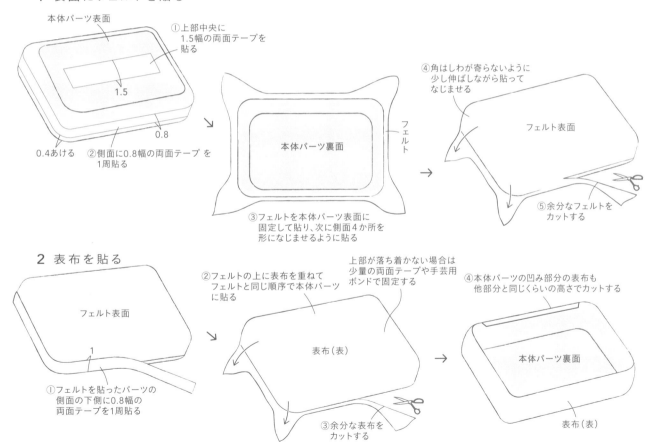

3 裏面に裏布を貼る

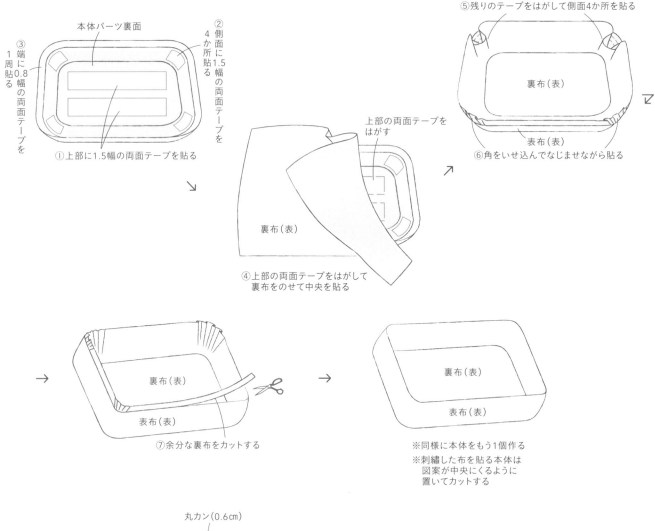

※同様に本体をもう1個作る
※刺繍した布を貼る本体は図案が中央にくるように置いてカットする

4 とめパーツを作る

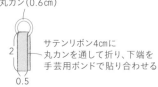

サテンリボン4cmに丸カンを通して折り、下端を手芸用ボンドで貼り合わせる

※3個作る

5 口金をつけて、チェーンをつける

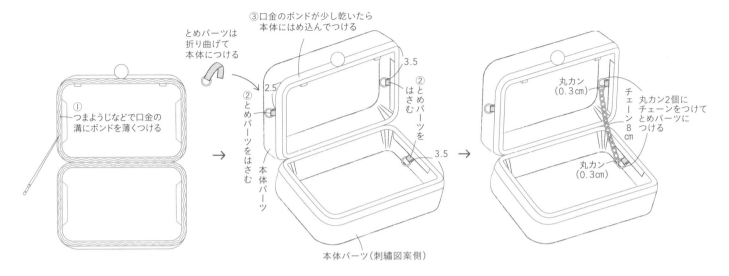

6 飾りをつける

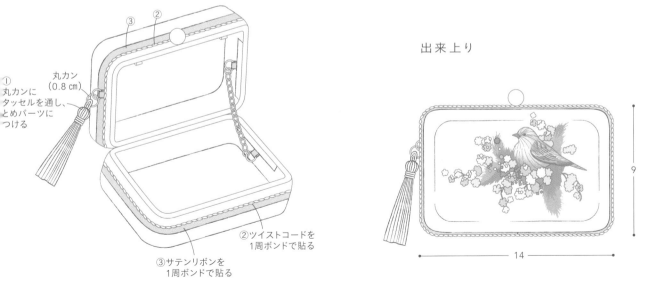

出来上り

p.10 ナキウサギとコケモモ

[材料]
DMC 25番刺繍糸
07、648、926、3021、3022、3362
ビーズ
丸小 254、1053（MIYUKI）
布
リネンシャンブレー　うすみずいろ（cherin-cherin）

p.11 ナキウサギのハンカチ

[材料]
DMC 25番刺繍糸
07、648、926、3021、3022、3362
ビーズ
丸小 254（MIYUKI）
布
リネンハンカチ　白

刺繍枠は7cm枠を使い、
ハンカチの指定の位置に
左下の図案を刺繍する

[実物大図案]
・○の中の数字は糸の本数
・指定以外は2本どり
・指定以外はアウトラインS
　（毛並みはp.32参照）
・太字は、細字で刺繍した部分の
　上から刺繍する

p.11 ウサギのブローチ (実物大図案は p.32)

[材料]
DMC 25番刺繍糸
07、08、452、648、3021、3022、3362、3866
布
リネンキャンバス #01 生成り (cherin-cherin)
その他
ウッドブローチ 外径4.5cm／内径4cm… 1セット
手芸用ボンド
[サイズ]
ブローチ4.5cm

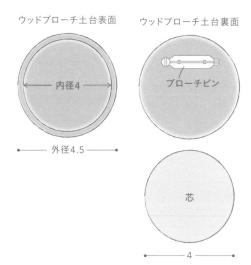

1 布に刺繍をし、カットする　　2 内径パーツを作る

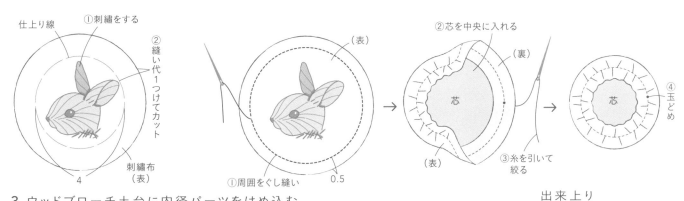

3 ウッドブローチ土台に内径パーツをはめ込む

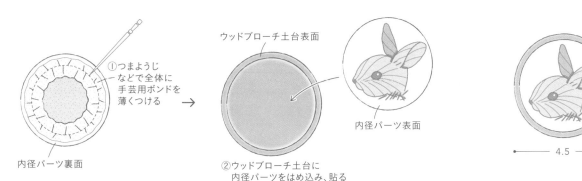

p.12 野いちご・エゾユキウサギ

[材料]
DMC 25番刺繍糸
野いちご：502、522、3033、3813
エゾユキウサギ：02、03、04、452、3799、3861、3866
ビーズ
野いちご：丸小 313、355、361、363、3カット 251（MIYUKI）
布
野いちご：リネンシャンブレー　イエロー
エゾユキウサギ：コットン　ベージュ

[実物大図案]
・○の中の数字は糸の本数
・指定以外は2本どり
・指定以外はアウトラインS
　（花、葉、毛並みはp.32参照）
・太字は、細字で刺繍した部分の
　上から刺繍する

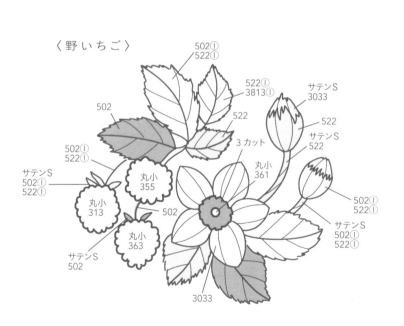

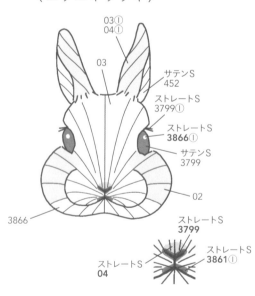

p.13 エゾモモンガと福寿草の連続模様

[材料]
DMC 25番刺繍糸
03、05、09、502、728、3364、3779、3813、3822
布
リネン セージ色

[実物大図案]
・○の中の数字は糸の本数
・指定以外は2本どり
・指定以外はアウトラインS
（毛並みはp.32参照）
・太字は、細字で刺繍した部分の
　上から刺繍する

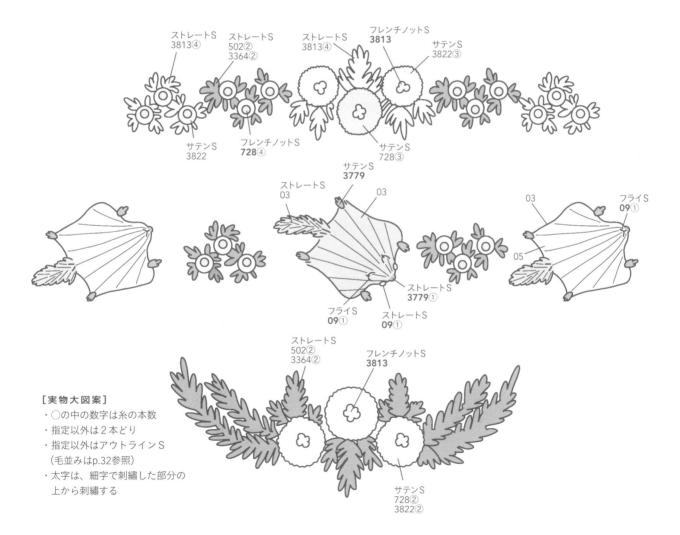

p.14 ヤマセミとカワセミ

[材料]
DMC 25番刺繍糸
01、08、413、436、437、452、597、642、647、3022、3051、3364、3768、3778、3809、3866
ビーズ
丸小 451（MIYUKI）
布
リネンキャンバス #05 ライトグリーン（cherin-cherin）

[実物大図案]
・○の中の数字は糸の本数
・指定以外は2本どり
・指定以外はアウトラインS
　（羽並みはp.34参照）
・太字は、細字で刺繍した部分の
　上から刺繍する

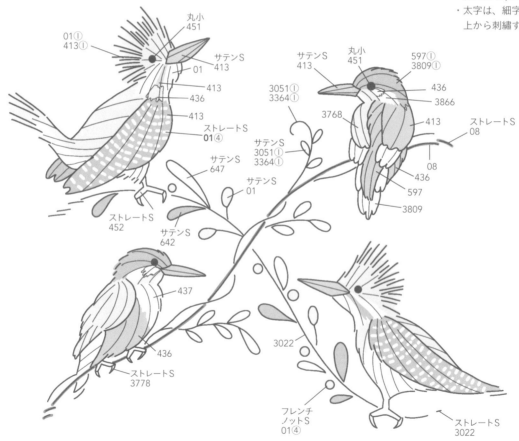

p.15 ヤマセミとカワセミと川魚のブローチ（実物大型紙は p.65）

[材料]
DMC 25番刺繍糸
ヤマセミ：01、413、452
カワセミ：413、436、437、597、3768、3778、3809、3866
ヒメマス：01、415、642、3768
フナ：01、415、642
ビーズ
ヤマセミ：丸大451（MIYUKI）
カワセミ：丸大451（MIYUKI）
ヒメマス：丸大451（MIYUKI）
フナ：丸大451（MIYUKI）
布（1点分）
表布／コットンリネン　ベージュ（cherin-cherin）
…10×10cm

その他（1点分）
合成皮革 ビーズ刺繍用裏布 ブラウン（MIYUKI）…8×8cm
フェルト…8×8cm
プラ板…8×8cm
ねじつきブローチピン（2.8cm）…1個
[サイズ]
ヤマセミ：縦6cm
カワセミ：縦5cm
ヒメマス：横5cm
フナ：横5.5cm

1 刺繍をし、布をカットする

2 プラ板をカットし、フェルトに貼る

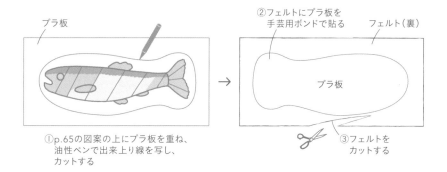

3 パーツを作る

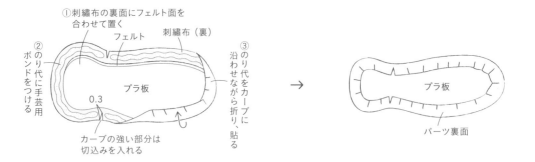

4 合成皮革をカットし、パーツを貼る

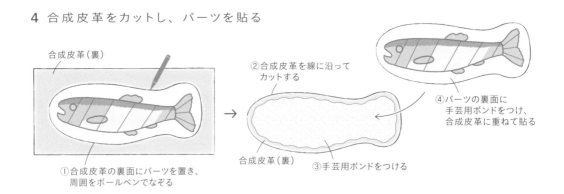

5 ブローチピンをつける

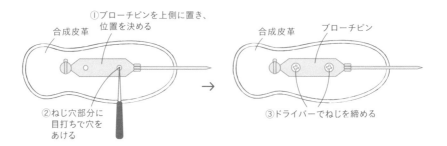

出来上り

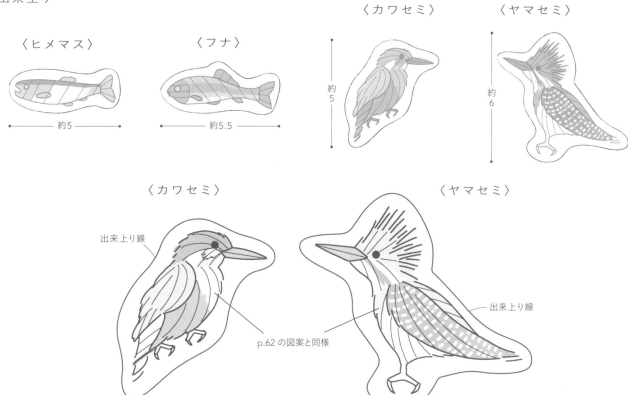

[図案とプラ板用実物大型紙]
・○の中の数字は糸の本数
・指定以外は2本どり

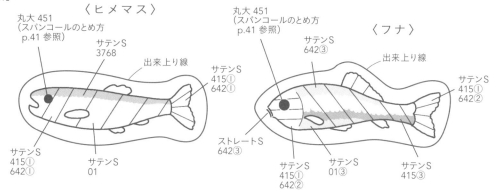

p.16 クマゲラ・ノスリ・エゾフクロウ

[材料]
DMC 25番刺繍糸
クマゲラ：03、221、310、3021、3022、3781、3790
ノスリ：04、05、09、223、841、935、3021、3022、3046、
　　　　3781、3790
エゾフクロウ：05、07、152、523、926、3021、3790、3821、3822
ビーズ
クマゲラ：丸小 451（MIYUKI）
布
クマゲラ：コットンリネン　ベージュ（cherin-cherin）
ノスリ：ECO VITA ヘンプファブリック　#0021
　　　　オフホワイト（DMC）
エゾフクロウ：リネンキャンバス　#03
　　　　　　　チャコールグレー（cherin-cherin）

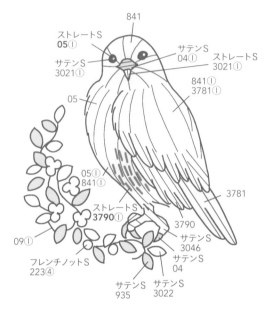

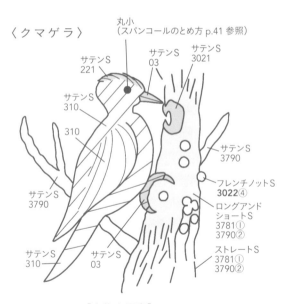

[実物大図案]
・○の中の数字は糸の本数
・指定以外は2本どり
・指定以外はアウトラインS（羽並みはp.31参照）
・太字は、細字で刺繍した部分の上から刺繍する

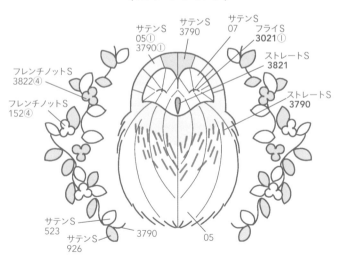

p.18 ヒヨドリとライラック

[材料]
DMC 25番刺繡糸
04、30、356、415、501、522、844、926、3768、3836
ビーズ
丸特小 250、丸小 250、256、360、451、丸大 250、3カット 256、トライングル 2.5㎜ TR1133、
ファイアポリッシュ K2050 3㎜ 3AB、17（MIYUKI）
布
リネンシャンブレー　うすみずいろ（cherin-cherin）

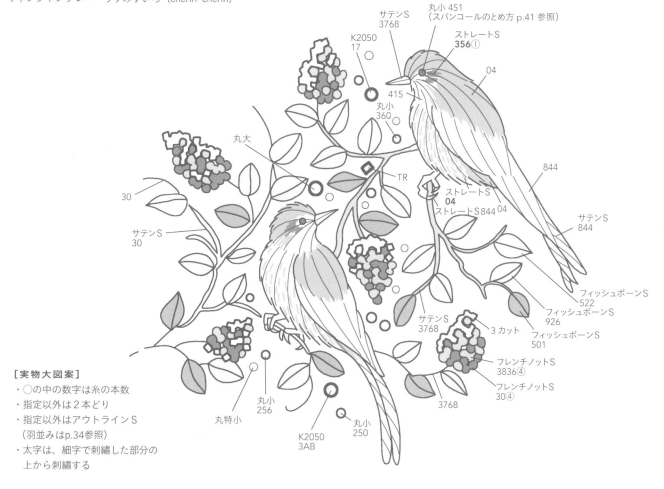

[実物大図案]
・○の中の数字は糸の本数
・指定以外は2本どり
・指定以外はアウトラインS
　（羽並みはp.34参照）
・太字は、細字で刺繡した部分の
　上から刺繡する

p.20 エゾタヌキとラベンダー、ラワンぶきの傘

[材料]
DMC 25番刺繡糸
03、520、522、640、647、648、3032、926、934、936、3021、3363
ビーズ
丸特小 250、360、455、丸小 250、263、丸大 250、3カット 256、デリカ DB1408（MIYUKI）、
ファイアポリッシュ 3㎜ アクアマリンAB
布
コットン カラーファブリック #3609　ピンク（DMC）

[実物大図案]
・○の中の数字は糸の本数
・指定以外は2本どり
・指定以外はアウトラインS
　（毛並み、葉、茎はp.32参照）
・太字は、細字で刺繡した部分の
　上から刺繡する

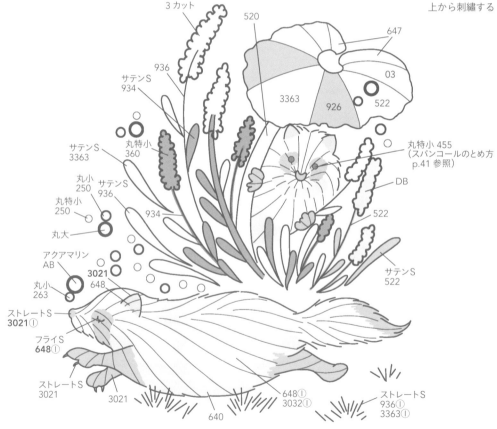

p.21 キタキツネとハマナスの園

[材料]
DMC 25番刺繍糸
05、07、08、310、420、435、436、451、580、936、938、3348、3364、3721、3832
ビーズ
丸特小 250、251、丸小 250、263、丸大250、ファイアポリッシュ K2050 3㎜ 17（MIYUKI）
布
リネンキャンバス #01 生成り（cherin-cherin）

[実物大図案]
・○の中の数字は糸の本数
・指定以外は2本どり
・指定以外はアウトラインS
　（毛並みはp.32参照）
・太字は、細字で刺繍した部分の
　上から刺繍する

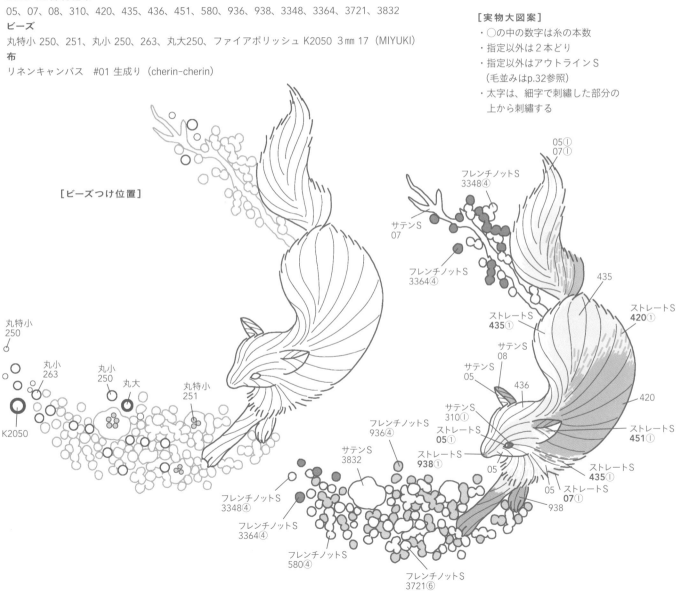

p.22 いろんな木の実

[材料]
DMC 25番刺繍糸
08、166、500、581、935、939、3011、3021、3022、3032、3362、3363、3768、3781、3782、3787、3790、3799
ビーズ
丸小 254、258、451、HB277、丸大 251、254、258、304（MIYUKI）
布
リネンキャンバス　#05 未晒し（cherin-cherin）

[実物大図案]
・○の中の数字は糸の本数
・指定以外は2本どり
・指定以外はアウトラインS（葉はp.32参照）
・太字は、細字で刺繍した部分の上から刺繍する

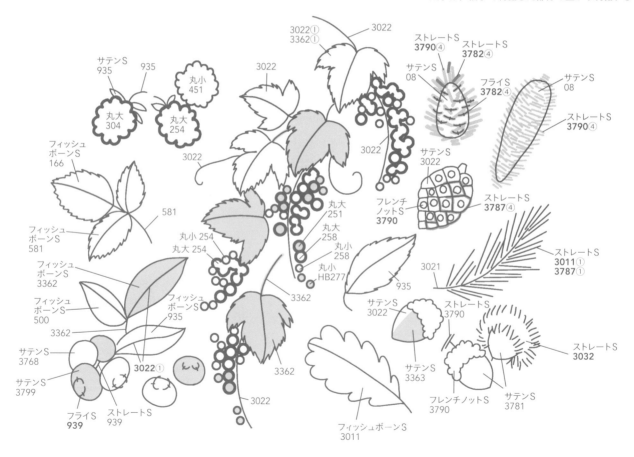

p.23 エゾリスと金のどんぐり

[材料]
DMC 25番刺繡糸
06、07、08、09、646、934、3021、3371、3787、3790、3860、3861
DMC 25番刺繡糸ライトエフェクト
E436
ビーズ
丸小 1053（MIYUKI）
布
コットンリネン　ベージュ（cherin-cherin）

[実物大図案]
・○の中の数字は糸の本数
・指定以外は2本どり
・指定以外はアウトラインS（毛並みはp.32参照）
・太字は、細字で刺繡した部分の上から刺繡する

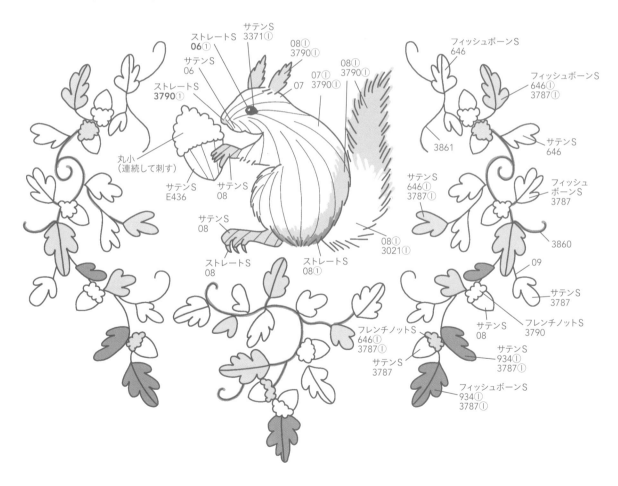

p.24 シジュウカラの森エンブレム

[材料]
DMC 25番刺繍糸
01、03、09、166、413、451、452、453、500、520、733、3032、3051、3363、3768、3799
ビーズ
丸特小 250、455、459、1053、2006、丸小 250、361、451、462、1053、六角小 195、丸大 250、トライアングル 2.5mm TR1813、ファイアポリッシュ K2050 3mm 17、442、K2051 4mm 17、33（MIYUKI）、キュービックジルコニアパーツ 6mm・14kgf
布
リネンキャンバス #01 生成り（cherin-cherin）
その他
小判リング K542（0.5×2×3mm）
ゴールド…6個（MIYUKI）

[実物大図案]
・○の中の数字は糸の本数
・指定以外は2本どり
・指定以外はアウトラインS
（羽並みはp.34参照）
・太字は、細字で刺繍した部分の上から刺繍する

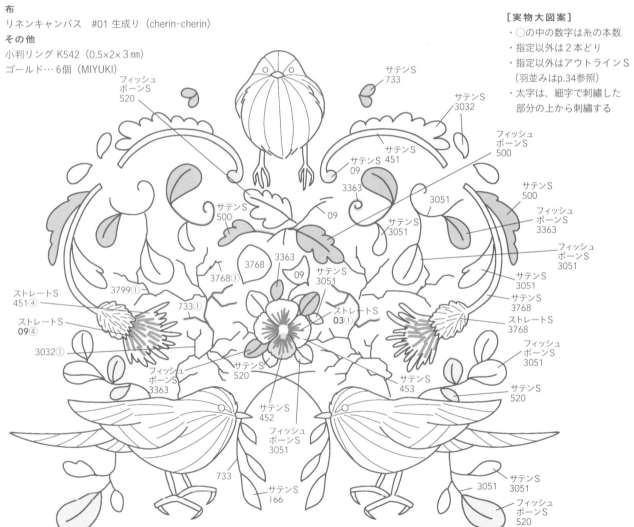

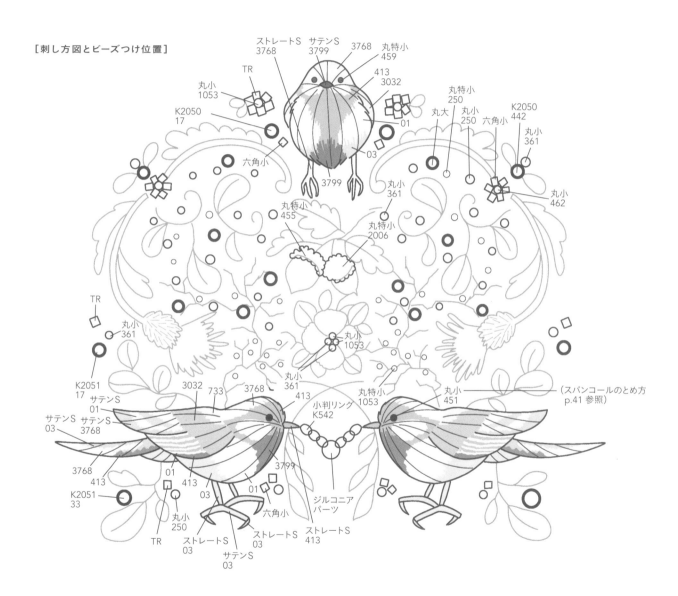

p.26 エゾリスのきのこ探検隊

[材料]
DMC 25番刺繍糸
03、09、310、523、646、758、841、842、935、3022、3031、3371、3781、3787、3790、3860、3866
ビーズ
トライアングル 2.5㎜ TR1133（MIYUKI）
布
リネンキャンバス　#04 ネイビー（cherin-cherin）

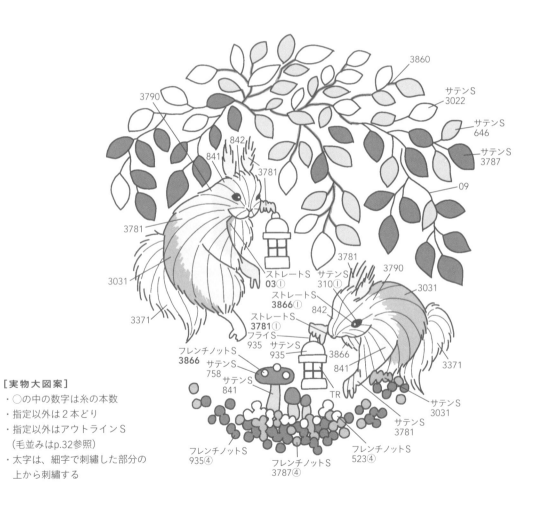

[実物大図案]
・○の中の数字は糸の本数
・指定以外は2本どり
・指定以外はアウトラインS
　（毛並みはp.32参照）
・太字は、細字で刺繍した部分の
　上から刺繍する

p.27 エゾリスと木の葉のがま口（実物大型紙は p.77）

[材料]
DMC 25番刺繍糸
21、310、501、841、842、926、935、3031、3371、3781、3790、3866
ビーズ
丸小 361、トライアングル 2.5mm TR1133（MIYUKI）
布
表布／コットンリネン　ストライプ グレー…30×15cm
裏布／コットンツイル　ブルー…25×15cm

その他
縫いつけタイプ口金（約高さ6×幅8.5cm）…1個
ワックスコード（太さ0.1cm　ライトブラウン）…15cm
ウッドビーズ（1.5cm）… 1個

[サイズ]
縦12.6×横9.8cm　※とめ具を含まず

1 表側面・裏側面をそれぞれ縫う

2 入れ口を縫う

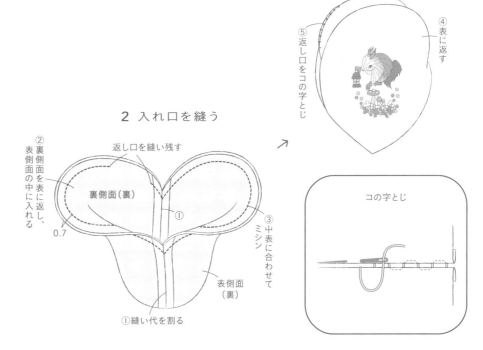

3 口金をつける

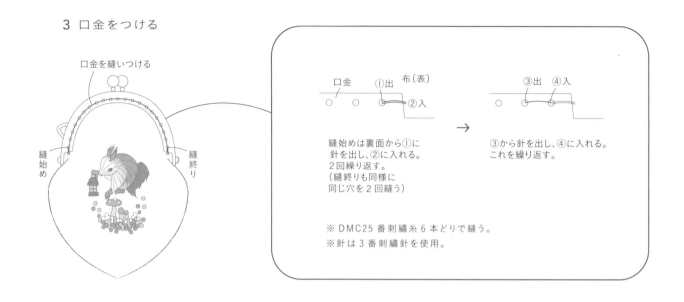

4 木の葉チャームを作り、口金につける

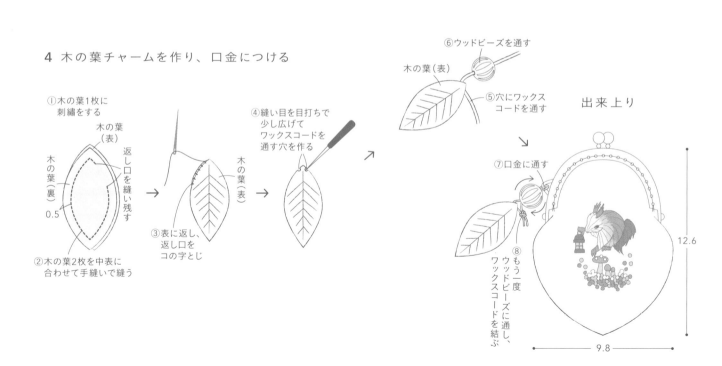

77

[図案と実物大型紙]
・○の中の数字は糸の本数
・指定以外は2本どり
・太字は、細字で刺繍した部分の
　上から刺繍する

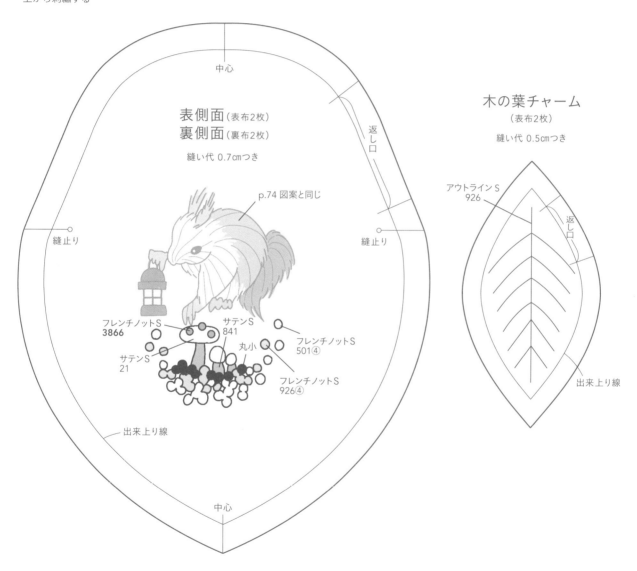

p.28 エゾユキウサギと雪が積もった枝

[材料]
DMC 25番刺繍糸
05、07、08、310、451、453、535、844、3021、3790、3865、3866
ビーズ
丸特小 250、丸小 250、丸大 250、デリカ DB110、トライアングル 2.5mm TR1133、ファイアポリッシュ K2050 3mm 17（MIYUKI）
布
リネン　シルバーグレー

[実物大図案]
・○の中の数字は糸の本数
・指定以外は２本どり
・指定以外はアウトラインS
（毛並みはp.32参照）
・太字は、細字で刺繍した部分の
　上から刺繍する

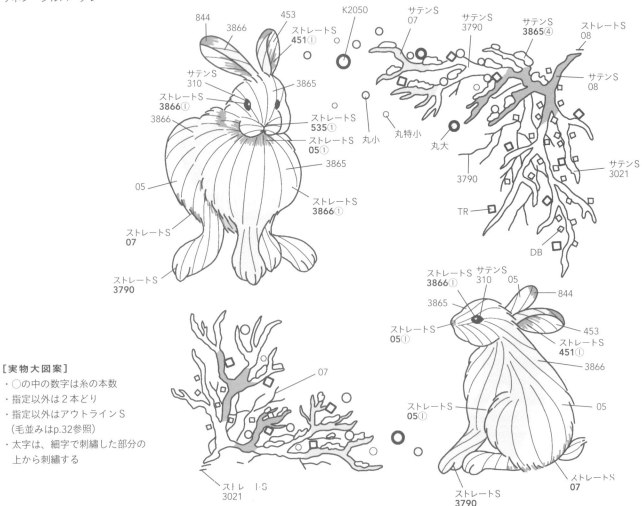

p.30 シマエナガとナナカマド

［材料］
DMC 25番刺繍糸
01、08、09、760、3021、3022、3362、3787、3790、3860、3861、3866
ビーズ
丸小 336、2035、丸大 363（MIYUKI）
布
ECO VITA ヘンプファブリック
#0024 ベージュ（DMC）

フレンチノットS
3021①
ストレートS
3021
3021
3861
3866
01
ストレートS
3022①
3362①
ストレートS
3021
サテンS
08
サテンS
3021
3021
ストレートS
08
丸小
2035
ストレートS
3790④

サテンS
3021
レゼーデージーS
760④
3021
08
サテンS
3021
ストレートS
760④
サテンS
3021
丸小
336
サテンS
3860
09
ストレートS
3022①
3362①
サテンS
08
サテンS
3787
09
サテンS
3860
丸大
サテンS
3787
ストレートS
3021
サテンS
3021①
丸小
336
サテンS
3861
3866
サテンS
3866
サテンS
3021
01

［実物大図案］
・○の中の数字は糸の本数
・指定以外は２本どり
・指定以外はアウトラインS
　（羽並みはp.34参照）
・太字は、細字で刺繍した部分の
　上から刺繍する

ストレートS
3021

p.31 シマエナガの冬のオーナメント（実物大型紙はp.82）

[材料]
DMC ECO VITA
シマエナガＡＢ：001、005、104
雪の結晶：601、602
DMC 25番刺繍糸
シマエナガＡＢ：3021
ビーズ
シマエナガＡＢ：丸小 451（MIYUKI）
雪の結晶：丸大 250（MIYUKI）
布
シマエナガＡＢ：
コットンリネン　薄ブルー…A20×10cm、B30×10cm
雪の結晶（1点分）：
リネンキャンバス　#01 生成り（cherin-cherin）…20×10cm

その他
シマエナガＡＢ：
革ひも（太さ1.5mm　ブラウン）…20cm
ウッドビーズ（1cm）…1個
手芸わた…適宜
雪の結晶（1点分）：
革ひも（太さ1.5mm　ブラウン）…20cm
ビーズ（1cm）…1個
ウッドビーズ（1cm）…1個
タッセル（3.5cm）…1個
手芸わた…適宜
ボタンつけ糸
[サイズ]
シマエナガA　6.5×6.2cm
シマエナガB　7×9cm
雪の結晶　12×5.7cm
※ひもを含まず

1 表布を縫う

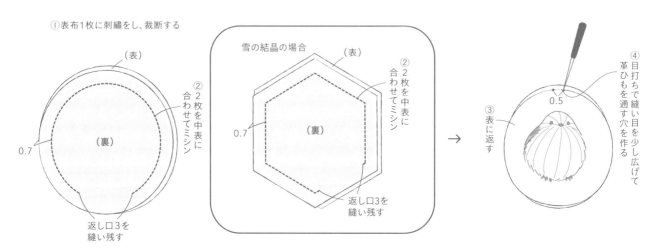

2 革ひもを通す

3 わたを詰めてとじる

出来上り

〈シマエナガ A〉 〈シマエナガ B〉

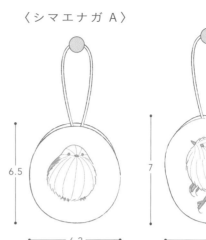

〈雪の結晶〉

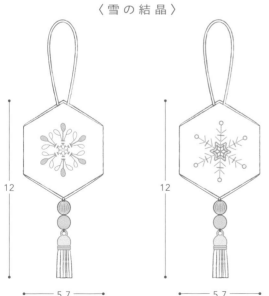

雪の結晶の場合

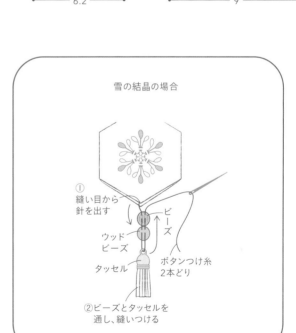

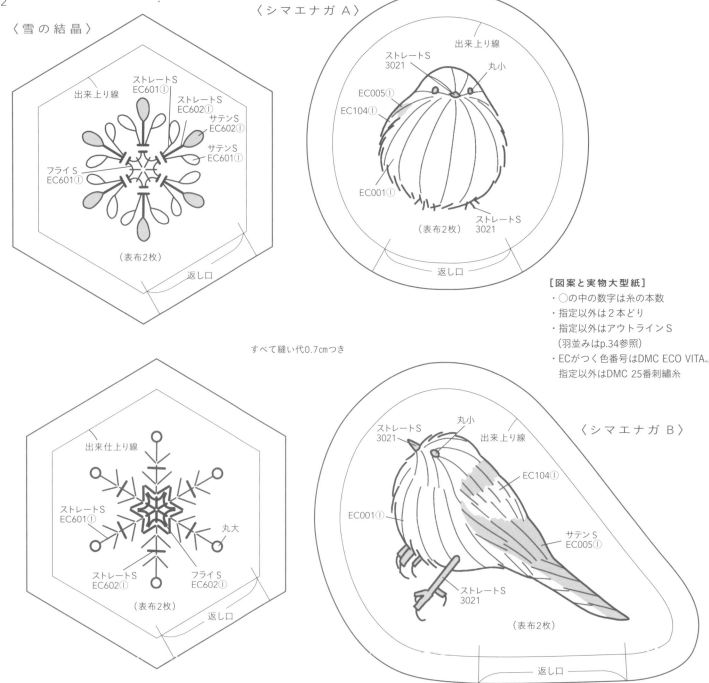

cherin-cherin のこと

cherin-cherin は森本繭香さんによる手芸資材のWEB SHOPです。手芸資材は、本書で使用している、布やスパンコール、がま口のパーツなどのほかに、刺繍枠やトレースペン、ビーズ用の糸なども扱っています。

海外買いつけの副資材も豊富で、作品の手芸キットや、動画つきのLESSONキットなどの取り扱いもあります。作品作りの参考に、ホームページ内の「shop」欄をぜひご覧ください。

https://www.cherin-cherin.com

手芸材料

作品キット

動画 LESSON

森本繭香（もりもと・まゆか）

刺繡作家。北海道文化服装専門学校を卒業後、2015年から手仕事による布小物製作・販売を行なうかたわら、動物や植物モチーフの刺繡作品を発表。海外の手芸用品を扱うWEB SHOP「cherin-cherin」を営みながら、手芸誌のほか、広告デザインなどにも作品の提供を行なっている。著書に『野の花と小さな動物の刺繡』、『草花と動物たちの刺繡ガーデン』（ともに日本文芸社）がある。
instagram@cherin_mayuka
https://www.cherin-cherin.com

本書の一部の布や資材は、上記WEB SHOP「cherin-cherin」（p.83参照）にて購入できます。

ブックデザイン　三上祥子（Vaa）
撮影　有賀 傑（カバー、p.1〜31、84）、
　　　安田如水（p.32〜39、41／文化出版局）
スタイリング　前田かおり
仕立て方解説　小堺久美子
トレース　たまスタヂオ
校閲　向井雅子
編集　鈴木理恵
　　　三角紗綾子（文化出版局）

[材料協力]
DMC
　https://www.dmc.com
　TEL. 03-5296-7831
MYUKI
　https://www.miyuki-beads.co.jp
　TEL. 084-972-4747

[撮影協力]
AWABEES

北の動物刺繡図鑑

2024年11月30日　第1刷発行

著　者　　森本繭香
発行者　　清木孝悦
発行所　　学校法人文化学園 文化出版局
　　　　　〒151-8524 東京都渋谷区代々木 3-22-1
　　　　　TEL.03-3299-2487（編集）
　　　　　TEL.03-3299-2540（営業）
印刷・製本所　株式会社文化カラー印刷

©Mayuka Morimoto 2024　Printed in Japan
本書の写真、カット及び内容の無断転載を禁じます。

・本書のコピー、スキャン、デジタル化などの無断複製は著作権法上での例外を除き、禁じられています。
・本書を代行業者等の第三者に依頼してスキャンやデジタル化することは、たとえ個人や家庭内での利用でも著作権法違反になります。
・本書で紹介した作品の全部または一部を商品化、複製頒布、及びコンクールなどの応募作品として出品することは禁じられています。
・撮影状況や印刷により、作品の色は実物と多少異なる場合があります。ご了承ください。

文化出版局のホームページ　https://books.bunka.ac.jp/